韓非

韓非

任繼愈 著

中和出版
OPEN PAGE

出版緣起

我們推出的這套「大家歷史小叢書」，由著名學者或專家撰寫，內容既精專、又通俗易懂，其中不少名家名作堪稱經典。

本叢書所選編的書目中既有斷代史，又有歷代典型人物、文化成就、重要事件，也包括與歷史有關的理論、民俗等話題。希望透過主幹與枝葉，共同呈現一個較為豐富的中國歷史面目，以饗讀者。因部分著作成書較早，思想和主張有作者所處時代的印記，作者行文用語也具時代特徵，我們保持其原貌，在行文上也不做現代漢語的規範化統一。在本書中有部分用語如「瞎子」「啞子」等詞語為當時作者使用，因作者去世，亦未作改動。

中和編輯部

目錄

導言

韓非，是中國古代一位具有重要影響的思想家，向來被人們視為法家思想的集大成者。韓非生活於戰國中後期，是韓國王室的公子，曾與李斯一道問學於荀子。身為王室公子，他卻並不為韓王所信用，在政治上一直鬱鬱不得志。政治上的失意，在韓非的著作中多有體現，甚至在某種程度上可以說，韓非的著述就是其對自己人生際遇的控訴與悲鳴。韓非一些著述在當時就已經單篇流行，如《孤憤》《五蠹》等。據記載，秦王嬴政（即後來的始皇帝）看到這些著述後非常欣賞韓非，發出了「寡人得見此人與之遊，死不恨矣」的感歎。秦國攻打韓國，韓王在秦的壓力之下派韓非出使秦國。秦王如願以償見到了韓非，並相談甚悦，但卻並沒有任用他。根據司馬遷《史記》記載，入秦之後的韓非受到了李斯、姚賈的陷害，被秦王投入監獄，秦王政十四年（公元前二三三年）死於秦國的監獄之內。韓非死後，人們將他的著作整理結集，這就是我們今天看到的《韓非子》一書。

歷史上的思想必須歷史地理解。韓非生活的時代，統一的趨勢已經形成，且不可逆轉。七國之中，韓國的實力較弱，且又與秦國接壤。弱韓而事強秦，在當時的政治格局中，「苟延殘喘」正是韓國命運的真實寫照。身為公子，「存韓」無疑是韓非最為重要的奮鬥目標，也是他思想主張的一個基本前提。今天，我們閱讀韓非的著作，理解他的主張，都必須明白其思想的這一出發點。韓非懷有強烈的報國熱忱，希望能得到韓王的重用，施展自己的才華，從而實現其國富兵強的理想。後人對韓非思想的表彰，抑或對其思想的批判，都必須理解韓非的人生處境。強烈的報國情懷與絕望的政治現實相互交織之下，韓非只能將自己的孤寂憤懣之情、璞玉見賞之志，寄之於筆下，存乎其思想。《韓非子》中的許多篇章，無不湧動着韓非強烈的個人情感。

韓非的思想，繼承了慎到、申不害和商鞅等人的「勢」「術」「法」主張，同時吸收了老子、荀子等人的思想，而自成一家之言，將法家思想提升到了一個全新的理論高度。韓非思想中，最為核心的主張就是「尊君明法」。韓非將自己的政治理想寄託在明君身上，在他看來，君主依賴刑、賞兩個基本手段（「二柄」），駕馭法術之士，驅動百姓歸之於耕、戰，就可以實現富國強兵。韓非心目中的明君，並非儒家、墨家所主張的那種道德層面上的，而是法、術、勢集於一身的君主。韓非強調尊君，一切以君主利益為依歸，其法治思想也是建立在這樣基礎之上的：君主立法，臣下執法，百姓守法。韓非以君主為本的法治，實質上是為了君主利益，法治不過是君主絕對權力實現的工具。當然，在韓非看來，君主與國家是沒有任何差異的，君主就是國家。

韓非不遺餘力地維護君主的權力，為君主設想了許多駕馭臣下的方法，在中國思想史上，韓非罕見而公開地主張人性自私、自利，將畏權、逐利視為人的一種本能。韓非這些近乎偏激的思想主張，向來飽受爭議。

韓非死後不久，中國歷史上第一個中央集權的皇權專制的帝國就建立了，人們很自然地會將韓非思想中的「帝王之術」視為皇權專制的一種理論。韓非思想中確實包含了一些「帝王之術」，但是我們不要放大這種思想的負面作用。皇權專制的建立，並非是韓非思想的結果。韓非的一些主張順應了已經形成的歷史趨勢，他為他生活的時代提供了有益的思考。

韓非的「帝王之術」，絕非宵小之輩播弄權術的「小術」，而是明君立身治國的「大道」，其核心是希望建立一個明主在上，由法術之士管理控制的社會。就此意義而言，韓非思想與儒、墨諸子百家的主張在追求上是相同的，都是在尋求一種富國強兵的治國之道。他們的目標是一樣的，只是開出的「藥方」不同而已。富國強兵，是那個時代的主題。韓非以「尊君明法」的主張積極響應了這一主題，他將解決問題的辦法寄託在君主身上，希望君主以「術」「勢」行「法」，從而實現國家的強大。

韓非這些主張，是他個人政治經驗的總結，是其人生際遇的折射，是基於其對韓國君臣、君民關係深刻而冷峻的觀察基礎之上的。正是因為源於其個人際遇，韓非的一些主張就具有非常強烈的個人色彩，也就難免有偏激之處。思想常常因為深刻而偏激，我們對於韓非的主張應該給予足夠的「溫情」與「敬意」。

韓非早已遠去，但其思想卻與我們相伴而行。我們今天的社會生活、思想文化中，或多或少，都遺傳或摻入了他的思想因子。體認過去，才能理解當下。經典的意義，思想的意義，更多是對生活於今天的我們而言的。

毋庸諱言，準確、完整地理解古代經典不可能是一蹴而就的，直接閱讀對於大多數人而言，存在一定的困難。經典需要普及，思想需要引導，這可能正是這套歷史小叢書出版者的「初心」。

任繼愈先生撰寫的《韓非》是這套歷史小叢書系列中的一本，本書初版於一九六二年。作為研究中國古代思想文化的大家，任繼愈先生以切實無華、簡練精當的文字，將韓非繁複的思想以輕盈而生動的方式傳遞給我們。任繼愈先生對於韓非思想的駕馭能力，是我們所不能望及的，相信本書對於我們了解、理解韓非思想具有重要意義。

當然，每個時代都有自己的理解，任繼愈先生的這本書，也深深打上了他那個時代的印記。這些印記，對於今天的我們，可能無法完全理解，但確是那個時代最忠實的歷史記憶。今天，我們重讀此書，願意獻上我們微薄的敬意。

張齊明

一、從矛和盾的故事說起

從前有一個賣矛的人，在市上誇耀他的矛是天下最好的矛，不論怎麼堅實的盾它都能刺穿。同時，這個人手裡也拿着一面盾在賣，他誇耀他的盾是天下最好的盾，無論是怎麼鋒利的矛也刺不穿它①。有些人被他的誇大宣傳吸引住了，逐漸圍攏來。這個人洋洋得意，正在等候買主。人群中走出一個人，向這個賣矛和盾的人問道：「聽你說得很好，你的矛和盾可算天下最好的武器。如果用你的矛刺你自己的盾，能不能刺得穿它？」這個突然的問題，可把這個賣矛和盾的人窘住了。他想說他的矛可以刺穿他的盾，那麼他的盾就不是像他說的那樣最堅實；他又想說盾不會被刺穿，那麼他的矛就不是像他說的那樣最鋒利。這個問題使他瞠目結舌，回答不上來，只好滿面羞慚地，拿着他的矛和盾，灰溜溜地離開市場。這就是大家熟悉的「以子（你）之矛，攻子（你）之盾」的故事。

上面這個故事，未必真有其事，但是這個故事說明：一個人說的話不可以前後不一致，不可以自相矛盾。我們今天經常會遇到「矛盾」這個詞，我們自己也經常使用「矛盾」這個詞。當然今天所用的「矛盾」不只是「自相矛盾」的意思，有時也指事物對立統一的原理。「矛盾」這個詞的創造者是誰？就是現在要向讀者介紹的韓非。

韓非是戰國（公元前四七五年—公元前二二一年）後半期韓國的一個沒落貴族，自幼跟當時的大學者荀子讀過書。他有些口吃（結巴），

以子之矛，攻子之盾

不大能講話，但是能寫文章。他的文章寫得條理清楚，分析深刻，有說服力。他的同學李斯也是一個很有學問、很有才幹的人，後來當了秦始皇的宰相。秦始皇滅掉六國，統一中國，李斯立了不小的功勞。但李斯也承認自己的才能不及韓非。

韓非約生於公元前二八九年，他的年齡和李斯差不多。他死於公元前二三三年，活了五十多歲。他的著作經後人編在一處，稱為《韓非子》。古人經常用人名當書名，像墨子的著作叫《墨子》，孟子的著作叫《孟子》，荀子、莊子、老子也都是這樣的。韓非的著作在當時各國都有流傳的抄本，在秦國也有過廣泛的影響。

有一天秦王（就是後來的秦始皇，當時還沒有統一中國）讀到韓非的著作，大為讚賞，說：「這真是一部好書。我若能和這位作者見一面，也不枉活一輩子了！」秦王還以為這部著作是一位古代學者作的呢。這

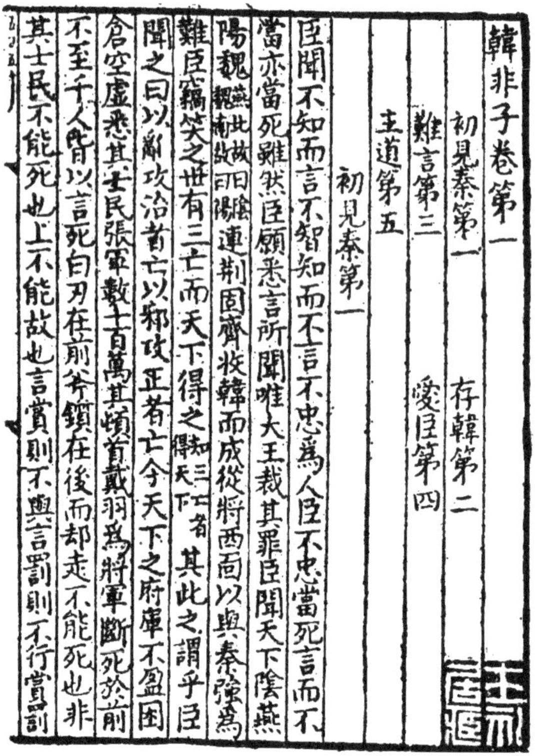
韓非子卷第一
初見秦第一　存韓第二
難言第三　愛臣第四
主道第五
初見秦第一
臣聞不知而言不智知而不言不忠為人臣不忠當死言而不
當亦當死雖然臣願悉言所聞唯大王裁其罪臣聞天下陰燕
陽魏（燕北故曰陰魏南故曰陽）連荊固齊收韓而成從將西面以與秦強為
難臣竊笑之世有三亡而天下得之（知三亡者得天下）其此之謂乎臣
聞之曰以亂攻治者亡以邪攻正者亡今天下之府庫不盈囷
倉空虛悉其士民張軍數十百萬其頓首戴羽為將軍斷死於前
不至千人皆以言死白刃在前斧鑕在後而卻走不能死也非
其士民不能死也上不能故也言賞則不與言罰則不行賞罰

《韓非子》書影

時李斯在旁說：「這是我的同學韓非寫的書。這個人還活着，想見到這個人不難，他現在在韓國。」秦王一聽，高興極了，設法把韓非找到了秦國。見面後，談得很融洽，很想重用他。這時秦王左右的大臣都有點不服氣，特別是李斯對韓非更加嫉視。因為他知道韓非很有才幹，學問又好，萬一秦王重用了他，至少自己的宰相是做不成了。李斯就暗中聯合其他大臣在秦王面前說韓非的壞話。說韓非是韓國的貴族，他終究是心向韓國的。秦國和韓國是敵對的國家，若重用了他，他會為韓國打算，不會真心為秦國的。如果放走他，讓他到別國去，萬一被人重用，和秦國搗起亂來，也是個麻煩。不如找個藉口把他殺了。秦王就把韓非關進監獄，還在考慮：用他，放他，還是殺他。李斯又使人威嚇韓非，韓非被迫在獄中自殺了。秦王考慮了很久，覺得韓非畢竟是個人才，最後下命令釋放他出獄，還是想重用他，但是韓非已經死了，來不及了。

注釋：

①矛，古兵器，是槍刺的一類。盾，古代防禦武器，是堅韌材料做成的牌，用以掩護身體。

韓非見秦王

二、韓非有哪些主張引起秦王的重視

在戰國末期，各國連年戰爭，大國兼併小國，最後剩下了七個大國，那就是齊、楚、燕、秦、韓、趙、魏。其中秦國最強大，楚國、齊國也是強大的，其餘的國家土地少，也比較貧困。不論大國和小國，打起仗來，吃虧的還是老百姓。當時的老百姓大多在想：能有一個統一的、沒有戰爭的局面，讓大家太太平平地生活下去，那是多麼好呀！統一，是人民的要求。再從當時的生產情況來看，也要求加強經濟聯繫，促進經濟交流。當時齊國出產的鹽、鐵，不但供齊國自用，也供應其他國家的人民。南方楚國的木材，西方秦國的皮毛、革製品，也供應東方各國人民的需要。還有當時的黃河，流過好幾個國家，各國都不想把黃河治理好，只想把水患轉移到鄰國去。發生水患，當然倒霉的還是老百姓。從各方面的實際情況看來，統一中國，對發展生產、安定人民生活是有利的。誰能統一中國，肯定會得到人民的支持，也是符合歷史發展的要求的。韓非的著作就是從統一中國這一總目標出發，提出了他的一套理論和原則。他那一套學說，在當時有很大的進步意義，也正是這一套學說，受到了秦王的重視。

當時有哪些人反對統一呢？為甚麼他們反對這種歷史進步的方向呢？當時各國有許多世襲舊貴族。這一批世襲舊貴族長期過着寄生的剝削生活，只知道吃喝玩樂，只想靠着祖先是貴族，有世襲的產業，永遠享受下去。他們害怕新的變革。可是當時已有人提出了新的變革主張，要求取消貴族的世襲制度，有才幹的才能做官，有軍功的才封給爵位，土地可以自由買賣。要是這樣實行起來，首先遭受不利的是世襲舊貴族。他們的特權地位保不住了，他們的財產也有賣光的危險。他們是反對統一的。

戰國末期，社會前進的主要矛盾表現為全國統一與分散割據的矛盾。從經濟的發展、政治的安定、人民的願望來看，都要求統一，建立一個大一統的封建王朝，至於這個統一王朝由哪一個國家來實現，就看它的主觀和客觀的各種力量和條件。而反對統一，是不符合歷史發展潮流的。韓非就是代表新興的地主階級，反對舊貴族割據的。他雖然出身於沒落的貴族，卻早已看出用舊的辦法不能繼續統治下去了。韓非為了論證舊的制度一定要改革，不能不變，提出了一系列有進步性的學說。

三、法、術、勢的作用和它們之間的關係

早在韓非以前，已經有許多社會改革家提出改革奴隸制度，實行封建制度，統一全國的要求。他們也提出了一些辦法。有些人認為要取消世襲舊貴族，改為封建制，國君要有三件法寶——法、術、勢。韓非繼承了這種說法，並且有了發展。

法是由國君頒佈的法令條文，要求全國人人知道，共同遵守。這些公開的條文，定出甚麼事應當做，做了有賞；甚麼事不應當做，做了要受罰。這樣，全國人民有了共同的標準，事情就好辦，國君只要用賞

罰，就可以支配全國人民了。這是古代封建統治者統治人民的一般的辦法。當然，這種法，不是約束國君的。法是按照國君的意志，為鎮壓人民的反抗而制定的。有了法，比如說，國君制定了作戰中殺死敵人的有賞、敗了逃回的受罰，那麼國君只要用這件法寶，就能驅使人民為他拚命打仗了。

甚麼是術？術是國君為了支配他的大臣，運用種種手段，使大臣猜不透他的意圖，就不敢搗鬼。術是只有國君自己知道，不能公開暴露的。比如，國君不暴露他的喜怒、好惡，大臣猜不透他心裡在想甚麼，就只好賠着小心，謹謹慎慎地聽國君的差遣。因為統治階級為了爭奪利益，經常鈎心鬥角，他們中間矛盾很多。國君防備大臣篡奪他的地位，大臣也要設法保持自己的地位，而不是甘心情願地為國君做事。所以韓非從國君的利益出發，叫國君對大臣隨時警惕，必須用術。

勢是權位、勢力。韓非認為推行法令，使用權術，沒有勢力是不行的。他曾說，孔子被認為是聖人，可是孔子一輩子只有七十多個學生追隨他。和孔子同時，統治魯國的魯哀公不過是個平常的國君，可是他掌握着魯國的政權，有權有勢，所以連孔子那樣的聖人也只好聽從他的支配。他還說，即使堯、舜那樣的國君，如果失去國君的地位，沒有國君的權勢，天下人誰肯聽他的？恐怕連三個人也管不了，更不必說管理天下了。

因此，韓非認為法、術、勢三者是一個封建專制的國君必不可少的三件法寶。這三件法寶，運用起來要有機地結合。有法無術，難免大臣搗亂；有術無法，全國人不知道應走的方向，國家力量不能集中，不能使國家富強；有法、有術沒有勢，法和術都無法實現，無力推行。他這三件法寶，體現了當時統治者和被統治的人民之間，以及統治階級內部的深刻矛盾，更體現了專制集權的傾向。但是，這個時代正是從分散的、割據的國家走向專制主義的中央集權國家的前夜，韓非這種主張還是符合當時的歷史要求的。當然，我們也不能不明白指出韓非思想中對待廣大勞動人民的殘酷壓迫的這一方面。

四、德治和法治的辯論

戰國末期，有些人為了給舊制度辯護，就反對法治，也就是反對韓非所提出的變法思想。他們說，國君應當以德服人，用慈愛來感動老百姓，不要用賞罰來驅使人民。由於當時人民不斷對統治者進行反抗，有的地方發生了起義和逃亡，這些實際存在的階級鬥爭，教訓了統治者。韓非站在新興的地主階級立場，看到用虛偽的道德說教對於被迫反抗的人民已經失去了欺騙作用，因此他反對德治。他公開主張，對人民不能感化，只能鎮壓。

韓非說，國君對於人民，平時讓他們出力耕田；戰爭發生時，就讓他們當兵賣命。平時用他們的力，戰爭中用他們去死。因此，國君和人民之間的利益關係是彼此對立的，不能調和。他又說，母親對兒子比父親慈愛得多，可是兒子往往最不聽母親的話，而是更能聽父親的話。老百姓服從政府的官吏比服從自己的父母勝過百倍，可是官吏對老百姓說不上甚麼恩愛。人們常說有了嚴酷的家長，奴僕們沒有不聽話的，可是慈母往往有不聽話的兒子。韓非由此就說，可見用仁義、恩愛是不能統治的，只有用暴力最有效。

在對待人民的態度上，韓非更赤裸裸地暴露了他剝削階級的殘酷本性。他的理論根據是人類本性喜利避害。統治者利用人類喜利的本性，制定獎勵的制度；利用人類避害的本性，制定懲罰的制度。執行獎勵和懲罰，人民就服服帖帖，不敢反抗了。韓非錯誤地把他自己那個剝削

階級唯利是圖的階級本性，硬說成全人類的本性。勞動人民勤懇勞動、友愛互助的道德品質，剝削成性的地主階級是無法理解的。由於他把人民的本性估計錯了，因此他以為嚴刑峻法就可以制服人民。他的嚴刑峻法，當人民沒有起義條件的時候，可能收到一時的效果。可是到人民被逼得忍無可忍、起來革命的時候，統治者連同他的嚴刑峻法就一起給人民的鐵拳打得粉碎。秦朝是最能用嚴刑峻法鎮壓人民的，卻正是這個秦朝被人民起義推翻得最快。老子有句名言說得好，「民不畏死，奈何以死懼之？」就是說，人民是不能用死來嚇倒的。老子深知農民的性格，在這一點上，他的見解比韓非深刻得多了。

歸根到底，在階級社會裡，德治欺騙不了人民，法治也威嚇不了人民，統治者終究會被推倒的。

五、世界最早的「人口論」

韓非在論證為甚麼要進行社會政治制度的改革時，曾說過，一個人有五個兒子不算多，是平常的事。五個兒子又可以每人各生五個兒子。這樣，祖父還不曾死，就有了二十五個孫子。可是，人口增加得這樣快，物質財富卻沒有增加。和古代比較，古代人口少，生活資料容易取得。男人不必耕田，草木野果足夠充飢；婦女不必紡織，禽獸的皮毛足供穿着。古時的人民沒有爭奪，沒有戰爭；沒有刑法，害人作亂的人也很少。這主要在於古人生活比後來人過得寬裕。現在，人口多，財富少，所以經常引起爭奪，發生戰爭。如果不加強中央集權的統治，就無法安定社會秩序。

以上這一段話，有它顯著的錯誤，也有它合理的因素。韓非認為古代人謀生容易，認為有足夠的禽獸皮毛可以穿，有足夠的野生果實可以吃，這是不符合歷史情況的。古人的生產工具十分簡陋，靠體力和野獸搏鬥，打野獸並不是那麼容易，倒是比後來困難得多。韓非的那種揣測是沒有事實根據的。人，首先是生產者，其次才是消費者，我們不能認為人口多了，對物質財富只有消耗的作用，不能增加生產。物質財富是隨着社會發展而增加的，生產力發展了，生活水平一般是要提高的。古代社會，生產力十分低下，人口急劇增加，的確會給人民生活帶來困難。即使在近代，像第三世界的許多國家那樣，生產發展的速度落後於人口增長速度，也會給社會造成嚴重貧困。韓非的「人口論」可謂獨具卓識。但是韓非把人口增殖說成是造成貧困的唯一原因，而不理解封建剝削制度是造成貧困的更主要原因，這一點，韓非是無法懂得的。

但是，我們必須指出，韓非的人口論，目的在於論證社會制度改革的必要性，在於說明古代和後來的歷史情況不同；情況變了，自然制度也要隨着變。這種觀點是十分可貴的，因為它有發展的觀點。還有，他論證社會的發展，不是從宗教迷信的觀點出發。他不承認社會歷史的變革是由於上帝意志的安排，卻力圖擺脫宗教迷信的影響，從社會物質生活條件方面說明引起社會變化的原因。這種見解也是十分可貴的。

韓非的人口論，和今天帝國主義者為了侵略殖民地找根據而提出的人口論有本質的區別。韓非的人口論，鋒芒是對着宗教迷信思想，反對的是當時流行的上帝創造歷史的思想；帝國主義學者的人口論，是為帝國主義的侵略，為他們的野蠻戰爭，尋找藉口。帝國主義學者們說人口的增長比物質財富的增長快得多；人口多了，必然有戰爭。他們認為由於人口增多，對外侵略是「合理的」；用戰爭消滅過多的人口，對社會是有益的。他們之所以這樣歪曲事實，是為了掩蓋資本主義制度下人民貧困的真正原因是資本家對工人的剝削，是由於帝國主義對殖民地的掠奪。這兩種人口論有很大的區別。

六、批判復古主義者對歷史的看法

當時有些人說，古代的制度、古代的人、古代的一切都是好的。要想把國家治理得好，首先要向古代學習，回到古代去。復古主義者經常拿出堯做天子，老年後把天下讓給舜；舜做天子，後來又把天子的位置讓給禹的歷史傳說，作為古人道德高尚的證據。韓非為了貫徹他的革新政治主張，駁斥了那些復古主義者。他說，古代生活條件苦，天子住的是茅草房，吃的是粗米飯。和老百姓的生活差不多，他的工作比一個普通老百姓忙得多，誰願意長期幹下去？所以堯舜把天子的位置讓給別人，算不了甚麼道德高尚。可是在今天，當過幾天縣令的人，他的子子孫孫生活都很舒服，出門有車坐。這樣，自然一個小小的縣令也不肯讓位不幹了。因此，古人有辭去天子不幹的，不能說古人的道德就好；今天不肯辭去縣令不幹，不能說今人的道德就不好。這都是由於時代不同，生活條件不同了。

韓非還說，時代變了，制度也要跟着變，一味復古是可笑的。上古時人們住在地洞裡，常常受到野獸的侵害。後來有一位有巢氏教人在樹上用樹枝架成鳥巢一樣的東西，人住上去，躲避了野獸的侵害。人們愛戴他，推舉他為天子。人民不會吃熟的東西，生吃魚類、蚌蛤、肉類，腸胃受累，害病的很多。當時燧人氏教人鑽木取火，吃熟食，避免了生病受苦。人民愛戴他，推舉他為天子。到了中古時期，鬧水災，淹死了不少人。當時有鯀和禹教人開通水道，排除水患，人民愛戴他，推舉他為天子。後來到了近古時期，有桀（夏朝最後一代國君，暴虐無道）和紂（商朝最後一代國君，也暴虐無道）壓迫人民，胡作非為，人民深受苦難。當時有湯（商朝第一個國君）把桀趕跑，自立為國君；有武王（周朝第一個國君）把紂殺死，也自立為國君。湯武為民除害，也得到人民的擁護。可見古代所謂的聖人，都是適應時代的要求，才被稱為聖人的。如果時代已進入中古時期，還有人提倡構木為巢，教人住在樹上，教人鑽木取火，一定遭到鯀和禹的嘲笑。到了商周時代，水患已經解決了，還有人無緣無故到處開水道，必然遭到湯武的嘲笑。社會發展到了今天，如果還有人念念不忘於堯舜、湯武的功業，一心想回到古代去，一定也會遭到新時代的聖人的嘲笑的。不是別的原因，只是由於歷史時代變了，辦法也應該隨着改變。今天的主要任務是改革舊制度，建立新制度。守舊不變是可笑的，也是錯誤的。

韓非講的上古、中古、近古的三個歷史階段，這樣分期不是科學的。他把古代的造房、用火的發明權歸於少數聖人，而不認為是人民大眾的創造，也不符合實際的歷史情況。但是有一點必須肯定，就是他的進化的歷史觀。他在兩千多年前就提醒那些復古主義者，告訴他們舊皇曆不能再用了，情況變了，辦法也要相應地改變才行。這個見解是十分值得重視的。

七、加強封建中央專制集權的理論

韓非為了貫徹他的政治改革主張，認為必須加強中央專制集權，必須進行法治。在奴隸制時代，從天子、諸侯、大夫一層一層的統治者，都是由一個家族的成員擔任的。比如周武王滅了商朝，把自己的兄弟子侄和親戚都分封為諸侯，讓他們各統治一國。各個諸侯再按他自己的家族親戚關係，分封他們的大夫。這種制度到了戰國時期，已經開始瓦解。奴隸主貴族們文不能治國，武不能帶兵，只好雇用了一批有文武才能的人來做官，幫他們辦事。這些官不一定是出身於奴隸主貴族。韓非為了進一步摧毀奴隸主貴族世襲制的殘餘，針對實際情況提出了有力的論證。

他說，法治是治國平天下的最高原則。不能用道德感化的辦法，也不能用無功受祿的辦法來治理國家。只有用論功行賞、論過罰罪的辦法來治理國家。這樣，治理國家的都是有才幹的人。沒有才幹，或不好好為國君做事的人，就不能繼續做官，或許還該受到處罰。他還說，國君怎麼知道誰有才幹、誰沒有才幹呢？方法很簡單，就是要通過工作的考驗。韓非叫這種方法為「參驗」的方法。參就是比較，驗就是考驗。

八、參驗的方法

韓非說，比如判斷刀劍的利鈍，只看刀劍所用金屬原料的顏色，即使善鑄劍的專家也難於肯定它是不是合乎標準。試用鑄成的刀劍宰殺動物，那就隨便甚麼人都能分辨出刀劍的鋒口快不快。再比如挑選好馬，只看馬的年齡、體形，即使善相馬的內行人，也未必能夠完全判定馬的好壞。只要將馬駕上車跑一趟，那就隨便甚麼人都能分別出馬的好壞了。再比如，大家都睡覺時，無法分別誰是盲人；都在靜默不說話時，無法分別誰是啞子。只要喊醒睡覺的，叫他們看各種顏色，提出問題使啞子回答，那麼瞎子、啞子就無法掩飾他們的缺陷了。韓非由此得出結論說，判斷一個人的言論和行動是否正確，不能光憑他自己說了算，卻該通過他言行的效果來做考驗。

甚麼是正確和錯誤的標準呢？韓非認為適合新制度、合乎改革要求的是正確的；相反的就不正確。當時孔子一派的儒者認為他們的學說符合古代聖人堯舜的精神，因而他們的學說是正確的。墨子一派也認為他們的學說符合古代聖人堯舜的精神，因而他們的學說是正確的。韓非說，他們兩派學者都自以為自己說的是真正得到堯舜的精神，可是堯舜早已死了一千多年，人死了不能復活，誰能判斷他們的真假呢？因此，他說，盲目相信古人，不動腦筋，這就是傻子；不管是非真假，一味亂說，這就是騙子。這兩派的爭論，因為無法參驗，他們不是傻子，就是騙子。

韓非在這裡反對的是復古主義者提出以早已死去的「聖人」做幌子，乘機宣揚他們回到堯舜時代的倒退的歷史觀。韓非認為，當前主要的任務是研究如何改革舊制度，建立新制度，其餘的復古主義的言論都是有害的。他用「參驗」的方法，去反駁那些開口堯舜、閉口堯舜的復古主義者反對改革的理由。他這種反駁是很有力的。

九、局部利益和全體利益、暫時利益和長遠利益的關係

在春秋時期（公元前七七〇年—公元前四七六年），北方的大國晉國和南方的大國楚國發生了一次戰爭。戰爭前，晉國的兵少，楚國的兵多。晉文公就召見他的大臣咎犯，問他這一仗該怎麼打。咎犯說，人家兵多，我們兵少，要想打勝仗，只有欺騙敵人，迷惑他們，不能讓敵人知道我們的虛實。晉文公又召見他另一位大臣雍季，問他：「楚國兵多，我們兵少，這一仗怎麼打？」雍季說：「我們不能騙人。我們立國要以忠信為本，做事哪能不講忠信？」結果晉文公用了咎犯所說欺騙敵

人的辦法打敗了楚國。回來論功行賞，首先受賞的是雍季，其次才是咎犯。別人問晉文公這樣行賞是否公平。晉文公說，咎犯的方針是臨時性的變通辦法，雍季的方針是一個國家的萬世之利。怎麼可以忘了萬世之利，把臨時性的變通辦法放在第一位呢？

韓非對於這一歷史事件進行了評論。他說，一個國家的萬世之利，對晉國當時的具體情況來說，就是戰勝楚國。如果當時打敗了，就說不上甚麼萬世之利。沒有一個單獨存在的脫離當時條件的萬世之利。要實現萬世之利，最有效的辦法就是在當時欺騙敵人，戰勝楚國。他認為不能拋開有關條件單講萬世之利，也不能把萬世之利和臨時性的變通辦法對立起來。何況詐敵人，也不能和欺騙自己的百姓看作一回事。晉文公不懂得萬世之利和臨時性變通辦法之間相互為用的關係，把兩者對立起來，是不對的。

謀萬世之利的受賞

韓非又通過人們洗頭髮的事例來說明局部和全體的關係。古人男女都留着長頭髮，需要常常梳洗。他說，人們每一次洗頭髮，總不免落掉一些頭髮。但是為了保持全部頭髮的清潔，使頭髮不受損害，儘管每次洗頭髮要落掉一些，卻還是要常常洗頭髮。這才是正確對待局部和全體的態度。對一件事，一定要求它完全有利，沒有一點點害處才去做，那就沒事可做了，因為這樣的事是沒有的。只要基本上有利，利多害少，這種事就應當做。他由此推論，改革舊制度、建立新制度，也不能設想新制度盡美盡善，一點缺點也沒有。只要新制度比舊制度好處多，就應當進行改革。韓非這種對待局部和全體的看法，從今天看來，還是很值得參考的。

十、反對鬼神，反對迷信

春秋戰國時期，國家遇到重大事件，都要占卜，問問神的意思，再決定大政方針。當時有的用蓍草占卜，也有用龜甲、獸骨占卜的。當然這都是迷信。同時，春秋戰國時期，科學已經逐漸發達起來，當時的算學、天文學、醫學都有相當的成就。科學是迷信的敵人。韓非是相信科學、反對迷信的。他通過具體的事實反對迷信鬼神。

韓非說，燕國和趙國雙方交戰前都各自求神問卜。燕國占卜的結果是「大吉」，就是說神認為可以戰勝趙國。同時，趙國占卜的結果也是

「大吉」，就是說神認為可以戰勝燕國。雙方打仗的結果，是燕國大敗。當趙國跟秦國交戰之前，也進行過占卜，結果「大吉」。這次，被秦國打得大敗，割地求和，才得完事。韓非提出疑問說，對於燕國和趙國交戰的事，是燕國的神龜騙人、趙國的神龜靈驗嗎？對於趙國和秦國交戰的事，是趙國的神龜騙人、秦國的神龜靈驗嗎？當然都不是。戰爭的勝敗，是由兩國的軍事、政治制度、將領的才能決定的。不從具體的政治上去努力，不把國家治理得富強，打仗是不會得勝的。決定勝敗的是人的作用，而不是鬼神。相信這些鬼神的，是大傻瓜。

春秋戰國時期還流行着占星術。占星術是觀察天上星體位置的移動和星光明暗的程度來預測國家的吉凶、戰爭的勝敗。韓非是一個堅決的無神論者，他反對這些迷信思想。當時相傳歲星照臨國家的上空，就不可以征伐他國。甚麼星照臨在甚麼地域，將會引起這個地域上的某些事變。他認為這都是毫無根據的。他說，相信占星術、迷信占卜、專心祭祀的國家，不但不能得到好處，反而會招致亡國的危險。

十一、韓非的歷史地位

中國歷史發展到戰國末期，封建統一專制的局面已經逐漸孕育成熟了。當時新興的地主階級就是這一歷史任務的體現者。韓非的思想基本上符合這一歷史要求。總的說來，他的思想是進步的。他的進步思想表現在以下各個方面。第一，他提出要用地主階級的法治代替世襲舊貴族相沿下來的德治；他反對無功受祿、無功受賞，主張徹底革除貴族的世襲制度。第二，他為了建立變法（改革舊制度）的理論根據，提出了發展的社會歷史觀，反對向後看，反對復古主義。第三，他指出國君和人民是對立的矛盾關係，在社會關係的認識方面比過去的學者深入了一步。第四，他提出具有實踐精神的「參驗」的方法，反對空談理論。第五，他從無神論立場反對當時流行的反科學的鬼神迷信思想，對科學的發展起了促進作用。第六，他力圖從社會的物質條件去說明社會發展的原因，反對上帝決定歷史、決定社會命運的迷信思想。這些方面都是他思想中的光輝部分。

韓非畢竟是剝削階級的代言人。即使地主階級在上升時期有反對奴隸制的進步性，但是它還有剝削人民、壓迫人民的殘酷性。韓非堅決主張對勞動人民鎮壓，用嚴酷的刑罰而不必有任何同情和憐惜。在他的眼裡，人民群眾只是統治者手下的工具，又懶又笨，好像只有少數所謂聖人才會創造發明。他把勞動者所直接間接創造的一切物質財富、精神財富一筆抹殺。韓非從剝削階級的立場看人口問題，看不到剝削制度是造成人民貧困的主要原因。這都是極端錯誤的。

秦始皇基本上按照韓非的理論制定了政策，統一了中國，並在中國歷史上起過進步作用。但是秦朝殘酷對待農民的政策，逼出了中國歷史上第一次大規模的農民起義，終於推翻了秦朝的暴政。歷史的事實足以說明韓非一味鎮壓人民的辦法，人民是不能容忍的。哪怕有強大的武力、政權，一旦觸怒了人民，就會遭到粉碎。

我們從韓非的思想可以看出從一種剝削制度發展為另一種剝削制度，即使是前進了一步，但在歷史前進的道路上，每前進一步，勞動者總會付出一分汗血斑斑的代價，可還不能得到真正的幸福。只有社會主義革命才真正開闢了人類的新紀元，只有優越的社會主義制度才為勞動人民打開了幸福的大門。

責任編輯　梅　林
書籍設計　林　溪
責任校對　江蓉甬
排　　版　周　榮
印　　務　馮政光

書　　名　韓　非
叢 書 名　大家歷史小叢書
作　　者　任繼愈
出　　版　香港中和出版有限公司
Hong Kong Open Page Publishing Co., Ltd.
香港北角英皇道四九九號北角工業大廈十八樓
http://www.hkopenpage.com
http://www.facebook.com/hkopenpage
http://weibo.com/hkopenpage
Email: info@hkopenpage.com
香港發行　香港聯合書刊物流有限公司
香港新界荃灣德士古道二二〇—二四八號荃灣工業中心十六樓
印　　刷　美雅印刷製本有限公司
香港九龍官塘榮業街六號海濱工業大廈四字樓
版　　次　二〇二一年二月香港第一版第一次印刷
規　　格　三十二開（128mm × 188mm）六〇面
國際書號　ISBN 978-988-8694-05-1